きみもなれる！
家事の達人 1
せんたく

監修／阿部絢子
編／こどもくらぶ

少年写真新聞社

はじめに

「せんたく」「そうじ」「すいじ」「かいもの」のうち、いちばん歴史が古いのは、何でしょう?

せんたくは、いまから5000年ほど前にはすでにおこなわれていたと考えられています。そうじも、その歴史、数千年です。かいものは、世界初の硬貨(コイン)が紀元前7世紀、リディア(現在のトルコ)でつくられたことから、それよりさらに前からおこなわれていたと考えられています。一方、すいじの歴史は何万年も前にさかのぼります。人類は、少なくともいまから2万年前には、ねんどを焼いてつくった器「土器」と火で、食料を煮炊きしていたのです。

このように、わたしたちがふだん何気なくおこなっている「家事」には、長いながい歴史があり、現代のわたしたちが知らないこともたくさんあります。

- 昔は数か月に一度しかせんたくしなかった?(→8ページ)
- 昔は「灰」が石けんがわりだった?(→10ページ)
- 手で回すせんたく機があった?(→12ページ)

また、現代のせんたくについても、いざ自分でやろうとすると、わからないことがたくさんあります。

- あらえる服とあらえない服、どうやって見わけるの?(→24・25ページ)
- いろいろある洗剤、どうやって使いわける?(→29ページ)
- じょうずにたたむコツは?(→34ページ)

そこでこの本では、まずパート1で、歴史をはじめせんたくについてのさまざまな情報を紹介し、せんたくへの興味をふくらませられるようにしました。次にパート2では、じっさいにせんたくにちょうせんするときの基本情報や、便利なポイントを紹介しました。

ある調査*では、日ごろから家事を手伝う子どもは約33%でした。一方、「お手伝いが好き・楽しい」と答えた子どもは60%以上いました。つまり、「やれば楽しいけれど、やれていない」子どもが多いのです。ぜひこの本をきっかけに、もっと家事に積極的にちょうせんしてみてください。そして、「家事の達人」をめざしましょう!

なお、このシリーズでは、各巻のパート2で、家事で使うかんたんな英語も紹介しています。近年はいろいろな教科のなかで英語を学ぶ取りくみがひろがってきています(イマージョンプログラムなどとよぶ)。毎日の家事も、楽しく英語を身につけられるチャンスですよ。

*花王生活者研究センター2011年実施調査。小学4～6年生1192人対象。

もくじ

パート1 せんたくのこと、知ってる?

1. はじまりは5000年前?! ……… 6
2. 綿がせんたくをかえた? ……… 8
3. 日本のせんたく ……… 9
- コラム 石けんと洗剤のひみつ ……… 10
4. せんたく機が登場! ……… 12
- コラム せんたく機、大かいぼう! ……… 14
5. 環境にやさしいせんたく ……… 16
- コラム のぞいてみよう! 世界のせんたく ……… 18

パート2 せんたくにちょうせん!

1. あらう前にすることは? ……… 20
2. せんたく機を使ってみよう! ……… 22
- コラム 「せんたく絵表示」って、何? ……… 24
3. 手あらいしてみよう! ……… 26
4. 落ちないよごれ、どう落とす? ……… 28
- コラム 洗剤を使いこなそう! ……… 29
5. これってどうあらう? ……… 30
6. 干し方いろいろ ……… 32
7. たたみ方としまい方 ……… 34
- コラム クリーニング店をのぞいてみよう! ……… 36

知ってると便利! せんたく用語集 ……… 38
さくいん ……… 39

この本の使い方

パート1 せんたくのこと、知ってる？

1 はじまりは5000年前?!

人類が動物と同じようにはだかですごしていたころには、せんたくは必要ありませんでした。わたしたちは、いつからせんたくをするようになったのでしょう？

そもそも「せんたく」って？

「せんたく」は漢字で「洗濯」と書き、「洗って濯ぐ」ことをいいます。でもふだんの生活では、あらいやすすぎだけでなく、しぼる、干す、たたむ、しまうという一連の作業をさします。

衣服の登場ではじまった？

大昔の人類は、寒さや体を傷つけるものなどから身を守るために、動物の毛皮を身にまとうようになりました。やがて、羊毛や植物のせんいでできた糸を編んだり織ったりして布（→8ページ）をつくり、身につけ、いつの日からか、それらをせんたくするようになります。せんたくに関係するもっとも古い記録は、メソポタミア地方（いまのイラクあたり）のシュメール人が紀元前3000年ごろに残したとされる「ねんど板」です。これには石けんのつくり方が記されていました。また、古代エジプトの壁画（紀元前2000年ごろのものとされる）には、布をたたいたり、すすいだりしてせんたくするようすがえがかれています。

「命のせんたく」って？

「命のせんたく」とは、日ごろの苦労から解放されて、のびのびすごすこと。「鬼のいぬ間にせんたく」ということわざもある。これは、こわい人や遠慮する人がいないあいだに、思うぞんぶん心を休めてくつろぐ（命のせんたくをする）ことをあらわす。

エジプト・ベニハッサンに残る壁画のうつし。

川でのせんたくは、現在でも世界各地で見られる。写真はアフリカ大陸の東にうかぶ島、マダガスカルの人びとのせんたく風景。

水のある場所がせんたく場

　昔の人びとは、自然に水が流れる川などでせんたくをしました。紀元前8世紀ごろにまとめられた「オデュッセイア」というギリシャの叙事詩には、王の娘、ナウシカアが川でせんたくものをあらい、日に干すようすが書かれています。

　その後、水道技術や井戸をほる技術が発達すると、せんたくの場所は、川だけでなく井戸ばたなどへとひろがりました。

せんたく専用のスペース

　せんたく専用の場所がもうけられることもありました。古代ローマ＊の遺跡には「せんたく場」が残されています。この時代には、すでにせんたくを職業とする人もいました。

　古代ローマよりずっとあとの19世紀には、イギリス・リバプールで、「まちには公立の浴場とせんたく場をつくらなければならない」という決まりができました。このころには、せんたく場が、イギリスだけでなくヨーロッパ各地につくられていました。

井戸ばたで着物をせんたくする日本の女性たちをえがいた、江戸時代の絵。

イタリア・ポンペイの遺跡。古代ローマ時代、せんたく場として使われていたものとされている。

＊紀元前1世紀末から2世紀ごろにもっとも繁栄したローマ帝国。

2 綿がせんたくをかえた？

17世紀〜18世紀、ヨーロッパでは、せんたくものの量もせんたくの回数もぐんとふえました。これには、衣服に使われる「せんい」の発達が関係しています。

せんたくは数か月に一度?!

紀元前からせんたくがおこなわれていたヨーロッパですが、せんたくの回数は中世（5世紀〜15世紀ごろ）まで、数か月に一度ていどだったと考えられています。

しかし15世紀〜17世紀、ヨーロッパ諸国が世界に進出し（大航海時代[*1]）、外国から安くて上質な布を輸入するようになると、人びとのせんたく事情が大きくかわりました。とくに、インドから輸入した綿布「キャラコ」が爆発的な人気となったイギリスでは、人びとが衣服をせんたくする回数がぐっとふえました。

それまでイギリスで一般的だった絹や羊毛の衣服が、いたんだりちぢんだりしやすく気軽にあらえなかったのに対し、キャラコはじょうぶでちぢまず、重宝されたのです。

さらに、18世紀後半、イギリスで蒸気機関が実用化され、糸や織物をつくる仕事が機械化されると[*2]、安い衣服が大量に出回るようになりました。これによって、人びとが持つ衣服の数も、それをせんたくする回数も、さらにふえました。

[*1] 15世紀半ばから17世紀半ばにかけて、ヨーロッパ諸国がアフリカ大陸、アジア、アメリカ大陸などへ進出し、各地を次つぎと自分たちの支配下において「植民地」としていった時代のこと。
[*2] 産業革命。18世紀後半〜19世紀に起こった産業・経済・社会の大変革のこと。

キャラコを使った服を身にまとうイギリスの女性たち（17世紀〜18世紀）。

せんいとせんたくの関係

衣服に使われる布は、細い糸状の「せんい」を織ったり編んだりしたもの。古代エジプトの人びとは麻のせんいを織った衣服を着ていた。麻は自然のものからつくる「天然せんい」で、ほかにも綿、絹、羊毛などの天然せんいで布がつくられた。19世紀後半には、イギリスで絹に似せたレーヨンが、20世紀前半には世界各地でナイロン、アクリル、ポリエステルなどの「化学せんい」が次つぎと発明され、天然せんいより安くてじょうぶだとしてひろまった。これにより、人びとは布のいたみを気にせずにせんたくできるようになった。

➡ せんいについて（24ページ、38ページ）

3 日本のせんたく

昔話「桃太郎」では、おばあさんが川でせんたく中に大きなモモの実をひろいます。日本では、いつからせんたくをしていたのでしょう？

日本最古のせんたくの記録

日本では、弥生時代（紀元前3世紀～3世紀ごろ）には、麻などの植物を織った布を河原でせんたくしていたと考えられています。植物で織った布はゴワゴワしていましたが、あらうほどやわらかくなったのです。

一方、712年完成とされる歴史書「古事記」には、河原でせんたくをする女性が天皇に見初められたという話がのっています。これが、せんたくに関する日本最古の記録です。

長い、手あらいの時代

江戸時代（1603～1867年）には、着心地がよくじょうぶな綿が一般にひろまり、せんたくの回数がふえました。当時の服装は着物です。人びとは川や井戸ばたで大きなたらいに水をはり、丸あらいや「あらいはり」（→38ページ）という方法でせんたくしました。

明治時代になると、人びとはさまざまな服装を楽しむようになり、せんたくものもふえました。しかしせんたくのしかたは江戸時代とかわらず、基本的に手作業。日本に電気せんたく機がはじめて輸入されたのは1922年、国産の電気せんたく機が発売されたのは1930年でした。

川でのせんたく風景をえがいた江戸時代の浮世絵。

青森県でのせんたく風景（1965年）。このころ、農村部ではせんたく機のない家庭がまだ多くあり、冬場でも水をはったたらいで1枚いちまい手あらいした。

石けんと洗剤のひみつ

せんたくもののよごれを落としやすくするのが、石けんや洗剤です。ここでは、その歴史や、よごれが落ちるしくみを紹介しましょう。

灰でよごれが落ちる?!

人びとは昔から、せんたくもののよごれをなんとかきれいにしようと、いろいろなものを使ってきました。たとえば、古代エジプト（→6ページ）では木の灰や草の汁などが、古代ローマでは木の灰やねんど状の白土（漂白土）、くさらせた尿（おしっこ）などが使われました。また日本では、サイカチという植物の実のさややムクロジの実の皮の成分をとかした水、米のとぎ汁、灰汁＊などが使われました。

＊植物の灰を水にひたした上ずみ液。

▼サイカチの木とさや。右はさやを乾燥させたもの。

▼ムクロジの実。

よごれが落ちるのは、なぜ？

よごれが木の灰や灰汁、白土、サイカチやムクロジの実などで落ちやすくなるのは、「界面活性剤」という成分のおかげです。

たとえば、油は水をはじくため、油よごれは水であらいおとせませんが、界面活性剤は、その水と油の境目（界面）に働きかけて、油を水にとかしだすのです（乳化）。よごれを小さなつぶにして水中に散らす効果（分散）もあります。サイカチやムクロジには「サポニン」、木の灰や灰汁、白土には「アルカリ」という天然の界面活性剤がふくまれています。この「アルカリ」と、動物や植物の油とを高温で熱してつくられるのが「石けん」です。

▲界面活性剤がよごれを落とすしくみをイラストにしたもの。

石けん製造の歴史

石けんのつくり方は、紀元前3000年ごろのねんど板にすでに記されていました。石けん専門の職人は、8世紀ごろからスペインやイタリアなどに登場。18世紀になると、石けんの需要が高まり、天然の界面活性剤、アルカリが足りなくなってきます。そこでヨーロッパ各地で、人工的にアルカリをつくる方法が考えだされました。これにより、それまでよりも安く大量に石けんがつくられ、人びとのせんたくにも大いに使われました。

19世紀のロンドンの石けん工場のようすをえがいたポスター。

日本の石けん

石けんは16世紀にヨーロッパから伝えられたが、本格的に輸入されるようになったのは江戸時代末期のこと。明治時代（1868年〜）に入るとその量が急増した。1873年には国内の民間会社が石けんを製造しはじめたが、しばらくは高級品だった。ようやく庶民が日常的に使えるようになったのは明治時代後半だった。

日本初の国産石けん。箱に入れて売られた（写真は当時のものを復刻・販売しているもの）。

はじめての合成洗剤

第一次世界大戦（1914〜1918年）中のドイツでは、石けんのもうひとつの成分、油*が不足しました。そこで、石炭と人工的につくったアルカリを原料にして世界初の「合成洗剤」がつくられました。その後も人工的な原料を使って安く大量につくれる合成洗剤の研究は進み、いまでは、合成洗剤に使われる界面活性剤の種類もさまざまです。　*石けん用にも、食用の油を使っていた。

石けんと洗剤、どうちがう？

よごれを落としやすくするものを「石けん」とよんだり「洗剤」とよんだりするが、正確には、石けんは洗剤の一種。動植物の油と天然の界面活性剤（アルカリ）でつくられる洗剤が石けんで、人工的につくられた界面活性剤と、石油などをもとにして化学的に合成されたのが合成洗剤*。石けんも合成洗剤も、粉、固形、液体があるので、見た目では区別がつかない（→29ページ）。

*一般的には、合成洗剤のことを「洗剤」とよぶこともある。

4 せんたく機が登場！

いろいろな石けんや洗剤を考案する一方で、人びとはせんたくを少しでも楽にしようと、道具も工夫。20世紀には電気せんたく機を発明しました。

たたきあらいの道具

古代ローマのせんたく場では、焼きものの鉢にぬれたせんたくものをたたきつけて、よごれを落としたといわれています。朝鮮半島では、せんたく機が普及するまで、せんたくものを木の棒でたたいて水によごれをたたきだす「たたきあらい」が一般的でした。

こすりあらいの道具

板の表面にぎざぎざのみぞがついたせんたく板は、18世紀末、ヨーロッパでつくられたのがはじまりといわれています。せんたく板は現代でも使われていますが、20世紀はじめに電気せんたく機が登場するまでは、せんたくに欠かせない道具でした。

せんたく板を使うアメリカの子ども（20世紀はじめ）。

ふたつのローラーのあいだにぬれた衣服をはさみ、水をしぼる。
ハンドルを回すとせんたく槽が回転する。
木製のせんたく槽。

手で回すせんたく機？！

19世紀には、ハンドルを回すことで衣服と水を入れたおけを回転させる「手動式せんたく機」がさかんにつくられました。現代のせんたく機とくらべれば手間がかかりますが、ゴシゴシと手作業であらっていたのにくらべれば、画期的な道具でした。

せんたくに使う「きぬた」って？

朝鮮半島では、たたきあらいのあと、別の棒でせんたくものをたたいて、しわをのばしたり生地につやを出したりした。この道具は日本にも伝わって「きぬた」とよばれ、布をやわらかくする道具として江戸時代まで使われた。

→ せんたく板の使い方（26ページ）

電気せんたく機の登場!

　1908年、アメリカで電気せんたく機第1号が誕生しました。これは、電気でモーターが動き、丸いつつ型のせんたく槽が回転して「たたきあらい」ができるというもの。このせんたく機によって、せんたくはぐんと楽になりました。

　日本にはじめて登場した電気せんたく機は、1922年に海外から輸入されたものでした。1930年には、芝浦製作所（現在の東芝）が、日本初の国産電気せんたく機を発売（①）。しかし、輸入品も国産品も値段が高く、あまり普及しませんでした。電気せんたく機が一般にひろまりはじめたのは、構造がシンプルで価格の安い噴流式せんたく機が1953年に発売されてからです。噴流式は、せんたく槽の底についた皿が回ることで水流を起こし、よごれを落とすしくみです。

　1957年には手回し脱水機（ふたつのローラーのあいだに衣服をはさみ、ローラーを手で回して水をしぼる）がついた電気せんたく機（②）が、続いて、電動脱水機つきの二槽式せんたく機（③）が発売されました。いまのように、あらいからすすぎ、脱水まですべて自動でおこなう全自動せんたく機（④）が普及しだすのは、1960年代半ば以降です。いまでは、乾燥までをひとつの機械でおこなえる全自動せんたく乾燥機（⑤）も主流になってきています。

①初の国産電気せんたく機（1930年）

電気せんたく機（1950年代）

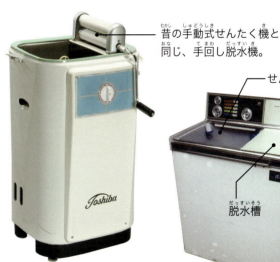

②手回し脱水機つきせんたく機（1957年）

昔の手動式せんたく機と同じ、手回し脱水機。

せんたく槽

脱水槽

③二槽式せんたく機（1969年）

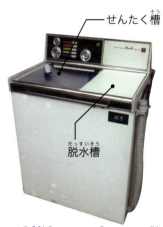

④全自動せんたく機（たて型）

⑤全自動せんたく乾燥機（ドラム式。たて型のものもある。）

→ せんたく機の使い方（22・23ページ）

せんたく機、大かいぼう！

自動で衣服をきれいにしてくれる全自動せんたく機。そのしくみは、どうなっているのでしょう？　どうやってよごれを落としているのでしょうか？

せんたく機によって、あらい方がちがう?!

現在、日本で広く使われている全自動せんたく機には、大きく分けてたて型（うずまき式）とドラム式の2種類があります。アメリカなどでは、かくはん式*とよばれるせんたく機が主流です。

こうした分類は、見た目ではなく、あらい方によるものです。たて型はおもにもみあらい、ドラム式はおもにたたきあらい、かくはん式はふりあらい（→26ページ）でよごれを落とします。あらい方によって、使う水の量もことなります。

＊底についた羽根を左右に往復回転させることで、水とせんたくものをゆりうごかしてよごれを落とす。生地がいたみにくい。

たて型

もみあらい（おしあらい）
せんたく槽や、底についた羽根を回転させて水流を起こし、せんたくものをもむことでよごれを落とす。ドラム式にくらべると生地がいたみやすく、使う水の量がやや多い。

せんたく槽のなか。

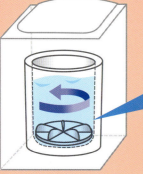
底についた羽根。これが回り、水流を起こす。

ドラム式

たたきあらい
せんたく槽を回転させてせんたくものを持ちあげる。せんたくものが落ちるときの衝撃でよごれを落とす。生地がいたみにくく、たて型よりも少ない水でせんたくできる。

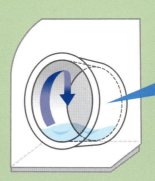
せんたく槽のなか。

内側のせんたく槽が回り、せんたくものを動かす。

せんたく機のなかはどうなっている？

一般的な全自動せんたく機は、右のように二重構造になっています。外側のせんたく槽は動かず、内側のせんたく槽（せんたくものを入れるところ）や、そのなかについている羽根が回転するしくみです。内側のせんたく槽には穴があいているため[*1]、あらいやすすぎで水をためているときは、外側のせんたく槽とのすきまにも水がたまった状態になります。脱水のときは、水をすべて流したあと（排水）、内側のせんたく槽が高速で回転して、せんたくものの水気を穴から外へとはじきとばします。

[*1] 最近では、せんたく槽に穴のあいていないせんたく機もある。

● せんたく機の断面をあらわすイラスト

●一般的なたて型全自動せんたく機のしくみ

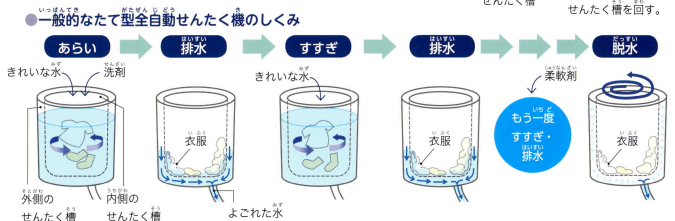

洗剤と柔軟剤は、別べつに入れるよ[*2]！

[*2] 洗剤と柔軟剤を同時に入れると、よごれを落とす効果と、生地の表面をなめらかにする効果がおたがいに打ちけしあってしまうため、別べつに入れる。また、洗剤の成分はあらいながらがしたほうがいいが、柔軟剤は成分が衣服の表面に残ることでなめらかさや香りがつくため、洗剤はあらいはじめに、柔軟剤はすすぎのときに投入する。

せんたく機をせんたく？

せんたく槽のうら側は、じつはとてもよごれやすい。衣服のよごれや、とけのこった洗剤などがたまりやすく、カビも発生しやすい。これをふせぐため、せんたくが終わったあとはふたをあけて乾燥させ[*3]、せんたく槽専用の洗浄剤や漂白剤で定期的にそうじするとよい。最近は、せんたくをするたびにせんたく槽自体を「せんたく」するせんたく機も登場している。

[*3] ドラム式せんたく機は、子どもがなかに入ってドアをしめ、とじこめられてしまう事故が起きるおそれがあるため、じゅうぶんな注意が必要。

画像のように、内側と外側のせんたく槽のあいだに水を噴射して、よごれやカビをふせぐしくみのせんたく機もある。

5 環境にやさしいせんたく

せんたくで衣服はきれいになりますが、せんたくで使った水はよごれます。よごれた水は、どうなるのでしょうか？

よごれた水はどこへいく？

せんたくで使われたあとの水は、「生活雑排水」（排水＝不要な水）とよばれます。台所やお風呂で出る排水も、生活雑排水です（トイレからの排水はふくまない）。

生活雑排水がそのまま川や湖、海に流れてしまうと、そこにすむ生き物だけでなく、そこにすむ魚などを食べるわたしたちにも影響します。現在日本では、下水処理場や浄化槽*1などで、生活排水（生活雑排水とトイレの排水）からよごれを取りのぞき、きれいにしてから川や海に流すしくみがととのっていますが、かつてはそうした決まりがなく、問題となったことがありました。

*1 下水道がない地域でも、排水のよごれを沈殿（ためること）させたり、微生物の働きによって分解したりしてきれいにするための小規模な下水処理施設。

合成洗剤は環境をよごす？

日本で合成洗剤が普及した1960年代、合成洗剤が流れこんだ川や湖があわだらけになり、問題となりました。原因は、当時の洗剤に多く使われていた界面活性剤（→10ページ）の一種、ABS*2。あわだちがよく洗浄力が高い一方、分解されづらく、あわがいつまでも残ったのです。

また1970年代には、水中の植物プランクトンがふえすぎる「富栄養化」が日本各地で社会問題となりました。界面活性剤の力を強めるために洗剤にふくまれていたリン酸塩が、植物プランクトンの栄養分になったのです（リン酸塩は肥料の成分にもなる）。富栄養化が起こると、魚のえらにプランクトンの死骸がつまったり、水中の酸素が不足したりして、生態系がくずれてしまいます。

*2 アルキルベンゼンスルホン酸ナトリウム。

●生活排水の家庭から川への流れ

琵琶湖で2009年まで確認されていた赤潮（左）と、きれいになった近年の琵琶湖（右）。

環境への取りくみ

　1977年、滋賀県・琵琶湖では、富栄養化が原因で赤潮*1が大発生。県は1979年、リン酸塩をふくむ合成洗剤の県内使用・販売・贈与を禁止。それ以降、洗剤メーカーはリン酸塩をふくまない「無リン洗剤」を発売するようになりました。いまでは、家庭用洗剤のほとんどが無リン洗剤です*2。また、浄化槽や下水道整備、水質改善に関する法律も整備されています。

＊1　プランクトンの異常発生が原因で、海面が赤褐色やオレンジ色になる現象。
＊2　業務用洗剤の一部には、いまでもリン酸塩が使われている。

洗剤は使うほどよく落ちる？

　せんたく用の石けんや洗剤のパッケージには、水の量に対して決められた量が記されている。決められた量以上入れても界面活性剤がよごれを落とす効果はかわらない。逆に入れすぎると、すすぎのあとも、界面活性剤などの洗剤の成分が衣服に残り、肌に刺激をあたえる原因になったり、必要以上に水がよごれ、環境に悪影響をあたえたりする。洗剤は決められた量を守って使うことが、環境にやさしいせんたくのポイント。

毎日のせんたくでできることは？

　生活雑排水は、せんたく以外にも、そうじ、すいじなど、毎日の家事で必ず発生するものです。逆に、家事をするたびに、毎回ちょっとした心がけをするだけでも、環境への負担をへらすことにつながります。

- 洗剤を買うときは、表示を見て環境に負担があるものをできるだけさける。
- あらいなおしをしなくてすむように、ポケットの中身を出しておく、よごれのひどいものは先に手あらいするなど、「あらう前にすること」をおこたらない。
- せんたく機に入れる洗剤の量を守る。たくさん使っても効果は同じ（上参照）。
- 手あらいのときは水を出しっぱなしにしない。

➡ あらう前にすること（20・21ページ）／せんたく機の使い方（22・23ページ）／手あらいのしかた（26・27ページ）

のぞいてみよう！世界のせんたく

昔もいまも、せんたくは人びとの生活に欠かせません。でも、その方法は人びとのくらしぶりによってことなっています。

川であらう

現在も、川でせんたくをしている地域はたくさんあります。たとえばインドのガンジス川流域では、川でのせんたくが日常的な光景です。

インドにくらすヒンドゥー教徒にとって、国の北部を流れるガンジス川は神聖な川。すべての罪をあらいながしてくれると信じられています。そのため人びとは、神聖な川の水をあびて身を清め、せんたくをします。

また、電気が通らず、水道が発達していない地域でも、川がせんたくの場となります。そうした地域では、子どもたちがせんたくをすることも多くあります。

井戸であらう

川のない乾燥した地域や、経済的な理由から水道技術が発達していない地域などでは、井戸が人びとのせんたく場です。

井戸ばたでせんたくする、グアテマラのわかい女性たち。

インド北東部、ヴァラナシ。まちを流れるガンジス川では、せんたくものを石板に打ちつけてあらう人びとの姿が見られる。

川でせんたくをする、フィリピン・ミンダナオ島の親子。山間のまずしい地域では、こうしたせんたくが一般的。

▲まちじゅうに水路がはりめぐらされたイタリア・ヴェネツィアの住宅地。水路の上にせんたくものを干している。

◀香港の集合住宅。ベランダにではなく、写真のようにまどの外に干すことが多い。

干し方もいろいろ

上の写真は、香港の集合住宅の風景です。せんたくものを干すじゅうぶんなスペースのない場所でせんたくものをかわかす工夫です。イタリアのヴェネツィアでは、となり近所と協力した「せんたくもの干し場」が見られます。

せんたくものを外に干さない？！

国や地域によっては、せんたくものを外に干す習慣のないところもあります。日差しの弱い冬が長く、外に干してもあまりかわかないという事情や、景観をそこねるからと条例で禁止されている場合もあります。

どうして日の光に干すの？

太陽の光にふくまれる紫外線とよばれる光には殺菌効果がある。せんたくものを日にあてて干すのは、殺菌効果で清潔にするためと、水分を蒸発させるため。

➡ **せんたくものの干し方**（32ページ）

北欧のスウェーデンの集合住宅では、地下にせんたく室がもうけられ、あらいから乾燥までを室内でおこなうことが多い。

パート2 せんたくにちょうせん！

1 あらう前にすることは？

せんたくは、あらう、しぼる、干す、たたむ、しまうの5ステップ（→6ページ）。でもじつは、あらう前にもすることがありますよ。

ポケットの中身をチェック！

ポケットの中身は必ず全部出しましょう。砂よごれも、はたいておきます。

とくにティッシュペーパーは、あらうとぼろぼろになってほかのせんたくものにもくっついちゃうよ！

よごれが落ちやすい形に！

ぐしゃぐしゃのまま服をあらっても、よごれが落ちづらく、しわも残りやすくなります。2枚重ねてぬいだ服は、1枚ずつに分けてせんたくかごに入れましょう。ぬいだときにうらがえしになったシャツやくつ下も、着る前の形にもどしておくと、せんたくするときに手間どりません。

おぼえよう！ 家事で使う英語
- ポケット【pocket】
- ぬぐ【take off】
- 服【clothes】
- せんたくする【do the laundry】

まず分ける！

せんたくものは、次のように種類分けしてからあらいます。

色で分ける

赤や青、黒など、色のこいものは、水に色がとけだすことがあります。色がうつってしまわないように、白っぽいものとは別べつにあらいます。

よごれ具合で分ける

どろだらけ・砂だらけだったり、食べこぼしでよごれたりした服は、手あらいする服として、せんたく機であらうものと別にしておきます。

素材で分ける

引っかかりやすいかざりやホックがついた服、のびやすいストッキング、タイツなどは、せんたくネットに入れます。

上着やズボンなど大きいものは、軽くたたんでから！

あらえないものもある！

衣服やタオルなどのせんい製品には、素材や、せんたくのしかたについての注意点が表示されています（せんたく絵表示）。使われているせんいの種類などによっては、せんたく機であらえないもの、あらえるけれど注意が必要なものなどがあるので、せんたくするときは必ず表示をチェックします（→24・25ページ）。

あらえないことをしめす表示。

冬物の上着はどうする？

コートやジャンパー、セーターなど、上に重ねて着るものは、下着のようにはひんぱんにあらわない。ぬいだらほこりをはらって、ハンガーにかけたりたたんだりしておく。「衣替え」（→38ページ）の時期になったら手あらいしたり（→26ページ）クリーニングに出したり（→36・37ページ）して、春夏向けの衣服と入れかえる。

- せんたくもの【laundry】
- （種類ごとに）分ける【sort】
- 色【color】
- よごれ【stain】

2 せんたく機を使ってみよう！

近年のせんたく機は、あらいから、脱水までを自動でおこなう「全自動せんたく機」がほとんど。ボタンがたくさんついていますが、どう使うのでしょう？

基本の使い方

せんたく機の基本的な使い方は、次の通りです。

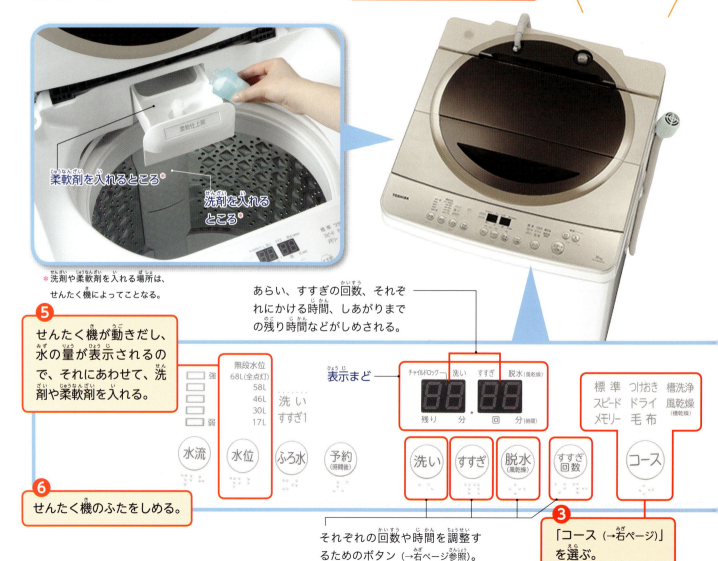

❶ せんたくものを入れる。せんたくものがしっかり水にひたり、むりなく回るていどの量に。

せんたくものを入れすぎると、うまくあらえないよ！

＊洗剤や柔軟剤を入れる場所は、せんたく機によってことなる。

❺ せんたく機が動きだし、水の量が表示されるので、それにあわせて、洗剤や柔軟剤を入れる。

❻ せんたく機のふたをしめる。

あらい、すすぎの回数、それぞれにかける時間、しあがりまでの残り時間などがしめされる。

それぞれの回数や時間を調整するためのボタン（→右ページ参照）。

❸「コース（→右ページ）」を選ぶ。

おぼえよう！ 家事で使う英語

- せんたく機【washing machine／washer】
- 洗剤【detergent】
- 柔軟剤【fabric softener】

「コース」って？

　全自動せんたく機の「コース」とは、あらい、すすぎ、脱水[*1]それぞれを、どれくらいの時間をかけて、どれくらいの強さで、何回ずつおこなうかなどを決めた「メニュー」のようなものです。たとえば「毛布コース」[*2]を選ぶと、大きくて生地のあつい毛布をあらうのに適した水の量や洗剤の量、あらいや脱水の時間などが自動で設定されます。

　一方、全自動せんたく機は、「コース」を選ばずに、あらい、すすぎ、脱水のそれぞれを自分で設定することもできます。これは手間がかかりますが、よごれ具合にあわせて自分で調節できるよさがあります。

　また、スポーツなどでひどくよごれたものを手あらいし、次から次へとすすぎ・脱水したりする場合などは、昔ながらの二槽式せんたく機（→13ページ）も便利。二槽式せんたく機は、現在も新しい機種が販売されています。

[*1] 乾燥機能のついた「全自動せんたく乾燥機」の場合は、あらい、すすぎ、脱水、乾燥まで。
[*2] コースの名前や種類は、せんたく機によってことなる。

二槽式せんたく機の使い方

　二槽式せんたく機は、次の手順で使う。
1. せんたく槽にせんたくものと水を入れ、水の量にあわせて洗剤を入れる。せんたく時間を設定し、スタート。
2. せんたくものを脱水槽にうつして脱水。
3. せんたく槽にもどしてすすぎ、そのあと柔軟剤を入れ、もう一度すすぐ。
4. 脱水槽にうつして脱水。

全自動せんたく乾燥機

　近年では、乾燥機の機能がついた「全自動せんたく乾燥機」もふえています。乾燥まで通しておこなう場合、しわがつくことがあるため、しわになりやすい素材（→38ページ）の衣服はさけることや、せんたくものの量を少なめにする、脱水が終わったら一度取りだし、しわをのばしてから（→32ページ）乾燥するなど、工夫するとよいでしょう。

❷ 電源を入れる。

10 kg
AW-10SD3M(W)

目の不自由な人が使いやすいよう、点字がついている。

❹ スタートボタンをおす。

ドラム式全自動せんたく乾燥機。たて型のものもある。

- あらう【wash】　ウォシュ
- すすぐ【rinse】　リンス
- 脱水する【spin dry】　スピンドライ

「せんたく絵表示」って、何?

衣服などをひっくりかえすとついている、数字や絵のかかれた小さなラベル。じつは、これを見ればせんたくのしかたがわかります!

どんな内容?

衣服などのせんい製品には、サイズなどのほかに、「綿100%」などのように、使われているせんいとその割合(組織表示)や、せんたくのしかたを絵でしめしたマーク(せんたく絵表示)が記されています。せんいは、種類によってちぢみやすさやじょうぶさなどの特徴(→38ページ)がことなるため、せんたくをするときはまず使われているせんいの種類を確認します。

わかるかな? せんたく絵表示

せんたく絵表示には、せんたく/漂白/しぼり方/乾燥/アイロン/クリーニングと、大きく分けて6つの項目があります。日本では、これまで日本工業規格(JIS)が定めた独自のせんたく絵表示が使われていましたが、2016年12月1日からは、国際標準化機構(ISO)の定める絵表示に変更されることになりました。これにより、表示の種類は22から41にふえます(右の表はその一部)。

●おもなせんいとせんたくのしかた

		せんいの名前(別の表記)	せんたくのしかた
天然せんい	植物のせんい	綿(コットン)	せんたく機OK
		麻(リネンなど)	せんたく機OK
	動物のせんい	絹(シルク)	手あらいやクリーニング
		毛(羊毛、ウール)*	手あらいやクリーニング
化学せんい		ポリエステル	せんたく機OK
		ポリウレタン	せんたく機OK
		ナイロン	せんたく機OK
		アクリル	手あらいやクリーニング
		レーヨン	手あらいやクリーニング

*ヒツジのほかに、アンゴラヤギ(表示:アンゴラ)、カシミヤヤギ(表示:カシミヤ)、ウサギなどの毛が使われることもある。

※せんたくについては、同じ素材でも、ものによってせんたく時の取りあつかい方法がことなる。必ず絵表示(→右ページ)とあわせて確認してからせんたくする。

▼同じ内容をしめすJISとISOの絵表示。

おぼえよう! 家事で使う英語

- 綿【cotton】 ・麻【linen】 ・絹【silk】 ・羊毛【wool】

●せんたく絵表示の例

（JIS表示は2016年11月30日まで、ISO表示は2016年12月1日から）

	JIS表示	ISO表示	おもな意味
せんたく	□	〜	せんたく表示の基本形
	95	95	せんたく水の温度は95℃まで
	60	60	せんたく水の温度は60℃まで
	弱30	30	せんたく水の温度は30℃まで（「弱」は「弱くせんたく」の意味）
	〜	〜	手あらいせんたくの基本形
	手洗イ30	(手)	弱い手あらいのみ可能
	✕	✕	あらってはいけない
	手洗イ30中性	なし	中性洗剤を使って手あらい
漂白	△	△	漂白表示の基本形
	△エンソサラシ	△	塩素系漂白剤の使用可（新表示の場合は酸素系もOK）
	なし	△△△	酸素系漂白剤のみ使用可
	✕エンソ	✕	塩素系（新表示の場合は酸素系も）漂白剤の使用禁止
しぼり方	∞		しぼり方の基本形
	ヨワク	なし	弱くしぼる
	✕	なし	しぼってはいけない
乾燥	👕	□	乾燥表示の基本形
	なし	⊙	タンブル乾燥*1可
	なし	⊙	低温でのタンブル乾燥可
	なし	✕	タンブル乾燥禁止
	🧥	|	つり干しがよい
	平	−	平干しがよい
	🧥	\	かげ干しがよい

	JIS表示	ISO表示	おもな意味
アイロン	🔺	🔺	アイロン表示の基本形
	高	•••	アイロンは高温がよい（約200℃）
	中	••	アイロンは中温がよい（約150℃）
	低	•	アイロンは低温がよい（約110℃）
	✕	✕	アイロン禁止
	あて	なし	あて布をあててアイロンをかける
クリーニング	○	○	クリーニング表示の基本形
	ドライ	Ⓟ	パークロロエチレンまたは石油系溶剤によるドライクリーニング可
	ドライセキユ系	Ⓕ	石油系溶剤でのドライクリーニング可
	✕	✕	ドライクリーニング禁止
	なし	Ⓦ	ウェットクリーニング*2可

*1 せんたくものを回転させながら、風や熱で乾燥させること。一般的な家庭用乾燥機もふくまれる。

*2 クリーニング店が特殊な技術でおこなう、水あらいからしあげまでをふくむせんたく。

「−」が多いほうが「弱い」?!

ISO表示の場合、基本の形の下に「−」がつくことがある。これは力の「強さ」ではなく「弱さ」をしめす。「−」は「弱く」、「＝」は「非常に弱く」という意味だ。

通常通りせんたく

弱くせんたく

とても弱くせんたく

- 温度【temperature】
- 弱く（やさしく）【softly】
- ドライクリーニング【dry cleaning】

③ 手あらいしてみよう！

よごれがひどいものや、型くずれしやすいもの、せんたく機であらえないことをしめすせんたく絵表示（→24ページ）などがついている服は、手あらいします。

落ちにくいよごれを手あらい

あせやどろでよごれた下着や運動着は、せんたく機だけではじゅうぶんによごれが落ちません。まずは手でよごれを落としてから、ほかのものといっしょにせんたく機であらいます。

用意するもの：たらいや洗面器、せんたく用洗剤

ぬるま湯を使うと、洗剤がとけやすく、よごれも落ちやすいよ！

❶ぬるま湯にせんたく用洗剤をとかし、服をつける。

「つけおきあらい」

水に色がとけだしやすい、色のこい衣服は、あらう前に白っぽい衣服とは分けて、手あらいします（→21ページ）。

30分

❷よごれの部分をもんであらい、さっとすすいでからせんたく機へ。

せんたく板を活用しよう！

18世紀末に考えだされたせんたく板（→12ページ）は、21世紀の現在も使われている。溝がカーブしているのは、洗剤が流れおちないようにするため。こうしてあらうとよごれをおしだしやすい。

よごれ部分に固形石けんをつけ、絵のようにこすりあわせる。

溝のおかげでせんたくものがずれず、洗剤が流れおちない。

「ふりあらい」

手あらいしたものをすすぐときは、水にひたしたままふります。いたみやすい生地の服をあらうときにも使える方法です。

おぼえよう！ 家事で使う英語

- 手あらい【hand wash】
- せんたく板【washboard】
- こする【scrub】

大きなものを「ふみあらい」

せんたく機に入らない毛布やカーテンなどの大きなものは、浴槽であらえます。

❶浴槽に水をはって中性洗剤をとかし、たたんだせんたくものをふみあらい。

水は入れすぎないこと。

❷きれいな水でよくすすぐ（何度かくりかえす）。浴槽のふちにかけて、あるていど水気が切れたら物干しざおで干す。

やさしく「おしあらい」

セーターなどは、あらうと編み目がつまってちぢんだり、干すときに水の重みでだらんとのびたりします。せんたく機は使わず、やさしく手あらいしましょう。

用意するもの：たらいや洗面器、中性洗剤

❶中性洗剤をとかしたぬるま湯にたたんだ服をひたし、両手でやさしくおす。すすぎでも「おす」のが基本。

❷ぞうきんのようにしぼるとのびるので、バスタオルで水気を取る。タオルにつつんでせんたくネットに入れ、せんたく機で脱水してもよい。

麻のシャツ、取れやすいかざりのついた服なども、やさしく手あらいするよ。

❸干すときは日かげで平干し（→38ページ）する。

ゆっくりやさしく

すすぎでは水をかえるよ。

タオルにはさんで上からおす

30秒以上かけないこと！

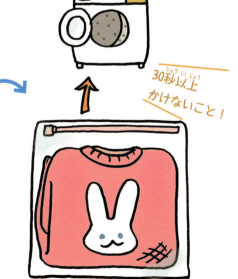

せんたくにちょうせん！

- 毛布【blanket】
- おしあらい【hand wash by gently pressing】
- セーター【sweater】

4 落ちないよごれ、どう落とす？

カレーやミートソースなどの食べこぼしやどろよごれなどは、時間がたつほど落ちにくくなります。よごれがついたらすぐに、その部分だけ「応急処置」をします。

ついたらすぐに！

よごれは、水にとけるか、そうでないかで、応急処置のしかたがちがいます。応急処置で落ちないときは、酸素系漂白剤（→右ページ）をよごれに直接つけて、せんたく機であらいます。

> どんなよごれもゴシゴシこするとよごれがひろがったり生地をいためたりするよ。

水で落とせるよごれ

● しょうゆ、ソース、お茶、ジュース、血液、水彩絵の具など

❶ よごれのうら側にハンカチをあてる。

（図：しめらせたハンカチ／ハンカチ／よごれのついた服）

❷ 水やお湯でしめらせたハンカチやティッシュペーパーで、よごれの上からトントンたたく。最後にかわいたハンカチなどで水分を取る。

> 血液や卵＊などは、お湯を使うとかえって落ちづらくなるよ！　必ず水でね。

＊たんぱく質をふくむもの。

水だけでは落ちにくいよごれ

● カレー、ケチャップ、ミートソース、ボールペン、クレヨンなど

❶ かわいたティッシュペーパーで油分をすいとる。よごれのうら側にハンカチをあてる。

❷ 水でしめらせ、石けんやハンドソープをつけたティッシュペーパーなどでよごれを何度もおさえる。

❸ 別のぬらしたティッシュペーパーなどでたたいて石けんを取る。最後にかわいたハンカチなどで水分を取る。

墨汁には歯みがき粉?!

なかなか落ちない墨汁は、水でしめらせてから、研磨剤（こまかいつぶ）入りの歯みがき粉をつけてもみあらいをするとよく落ちる。これは、研磨剤が墨汁にふくまれる炭素の粉をこすりおとすからだ。

おぼえよう！ 家事で使う英語

- （よごれを）落とす【remove stains】リムーヴ ステインズ
- たたく【tap】タップ

洗剤を使いこなそう！

せんたくに使う洗剤には、いろいろな種類があります。それぞれ特徴がちがうので、あらうものによってうまく使いわけます。

洗剤の種類

せんたく用の洗剤には、石けんと合成洗剤があります。石けんは、基本的に油分と天然のアルカリでできています（→11ページ）。合成洗剤は、化学的に合成された石けん成分に、よごれを落としやすくする酵素（→38ページ）や、蛍光剤（→38ページ）などが入っています。また、せんたく洗剤には、アルカリ性と中性とがあり、中性の洗剤を中性洗剤といいます。

● 洗剤の種類と、使えるせんい（○）、使えないせんい（×）

種類	合成洗剤		石けん
性質（液性）	弱アルカリ性	中性	弱アルカリ性
あらう力	強い	弱い	中間
天然せんい 綿	○	○	○
天然せんい 麻	○	○	○
天然せんい 絹	×	○	×
天然せんい 毛	×	○	×
化学せんい	○*1	○	

＊1 アセテートやトリアセテートなどは×。中性洗剤であらう。
※上記は目安。実際には洗剤の表示にしたがう。

洗剤の容器のうら側には、洗剤の種類や液性、使えるせんいなどが表示されている。

＊2「合成繊維」は化学せんいの一種。

漂白剤の役目は？

漂白剤は、よごれの色素を化学反応で分解してくれるすぐれもの。ただし「塩素系」の漂白剤は衣服の色まで落としてしまうので、容器のうらの表示を見て、種類を選んで使います。

- 酸素系：白いものも色ものも漂白できる。
- 塩素系：白いものは真っ白に。ただし布の色自体も変色してしまう場合があるので注意。

※いずれも「酸化型」とよばれ、酸素をあたえて色素を分解する。逆に酸素をうばう「還元型」もある。これは酸化型で落ちない鉄サビや黄ばみが漂白できる。

石けんと合成洗剤を見わける方法

とうめいなコップなどに水を3分の1くらい入れて、調べたい洗剤などをとかし、かきまぜてあわだてる。そこへ少しだけ酢を加えてまぜる。

- あわが消えて水が白くにごったら…石けん
  酢（酸）が石けんを分解するためあわが消える。
- あわが消えず変化がなかったら…合成洗剤
  中性洗剤は酢（酸）に反応せず、アルカリ性の合成洗剤も反応しづらいように加工されているため、あわが変化しない。

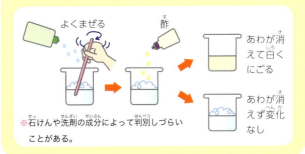

※石けんや洗剤の成分によって判別しづらいことがある。

おぼえよう！ 家事で使う英語
- アルカリ性【alkalinity】
- 中性【neutrality】
- 漂白剤【bleach】
- とかす【dissolve】
- あわ【foam】

5 これってどうあらう?

よごれやすいスニーカーや上ばきは、どうやってあらうのでしょう? ぼうしやぬいぐるみはあらえるのでしょうか?

くつ

スニーカーや上ばきなどの布製のくつなどは下のようにあらいます。

用意するもの:バケツ、石けん(固形が便利)、使いふるしの歯ブラシなど

❶ 左右のくつのうらどうしをあわせて砂などを落としてから、軽く水あらい。

❷ 片方ずつしっかり持って、石けんをつけた歯ブラシでこする。

❸ きれいな水でよくすすぎ、水気を切って日かげで干す。

ななめにたてかけると水が切れやすいよ。

ぼうし

布製のぼうしは中性洗剤(→29ページ)入りのぬるま湯でやさしくおしあらい(→27ページ)します。

用意するもの:洗面器、中性洗剤、タオルやせんたくネット、ペットボトル

❶ ぬるま湯をはった洗面器に中性洗剤を入れ、やさしくおしあらいし、よくすすぐ。

ぼうしをうかせて干せれば何でもいいよ。

❷ タオルで水分を取ってから、せんたくネットやタオルをぼうしにつめて形をととのえ、ペットボトルなどにのせて日かげで干す。

あらえないくつやぼうしはどうする?

水あらいできない革ぐつや合皮(革のように見える人工の生地)のくつ、麦わらぼうしなどは、ぬらしてかたくしぼった布でよごれをふきとり、風通しのよいところで乾燥させる。

おぼえよう! 家事で使う英語

- バケツ【bucket】
- 石けん【soap】
- 歯ブラシ【toothbrush】
- ふく【wipe】
- 乾燥させる【dry】

ぬいぐるみ

ぬいぐるみも、ぼうしと同じようにおしあらいすることができます。

用意するもの：洗面器、中性洗剤、タオル、せんたくネット

❶ぬるま湯をはった洗面器に中性洗剤を入れ、ぬいぐるみをひたしてやさしくおしあらいする。

❷よごれがひどい部分は、洗剤をつけたスポンジでトントンたたく。

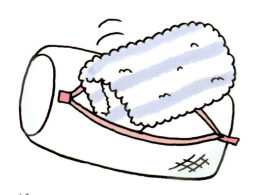

❸水でよくすすぐ。タオルにつつんでせんたくネットに入れ、せんたく機で30秒くらい脱水し、形をととのえて日かげで干す。

ふとん、まくら

ふとんやまくらは、あらうとなかの羽毛や綿などの感触がかわってしまうので、日のあたるところで干すだけにします。日光の紫外線には殺菌効果があり、また、風を通すことで、カビの発生もふせげます。

あらえないぬいぐるみはどうする？

古くてぼろぼろのぬいぐるみは、あらうといたみがはげしくなるのであらえない。そんなときは、重そうできれいにできる。また、晴れた日に干すだけでも、雑菌がふえるのをおさえられる。

❶ビニール袋にぬいぐるみを入れ、重そうをふりかける。

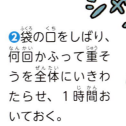

❷袋の口をしばり、何回かふって重そうを全体にいきわたらせ、1時間おいておく。

❸重そうを手ではらう。残った重そうはそうじ機ですいとり、最後にぬらしてかたくしぼった布でふきとる。

- 中性洗剤【neutral detergent】
- 〜を日にあてる【put 〜 in the sun】
- しぼる【wring】

6 干し方いろいろ

せんたくものは、それぞれの形や素材にあわせて干します。よくしわをのばして、風や日の光にあたるように干せば、きれいにはやくかわかせますよ。

干す前にしわをのばす

せんたく機で脱水したせんたくものはしわだらけ。あらいおわったらすぐにせんたく機から取りだし、よくしわをのばしてから干すとしわが残りません。しわののばし方は、せんたくものの種類や大きさよって、いくつか方法があります。

しわはかんぺきにのばさなくてだいじょうぶ。どの方法も数回でいいよ。

軽くたたんで、手でパンパンとたたく。

タオル、Tシャツ、ハンカチ。何でもOK！

シャツのえりやそで口などは両手で軽く引っぱる。

タオルなどは、両手で持って上下にふる。

ハンガーにかけたあと、両手でおさえたりたたいたりする。

おぼえよう！家事で使う英語

- （屋外に）干す【hang out】
- （衣服の）しわ【wrinkle】
- Tシャツ【T-shirt】

形や素材にあわせて干す

せんたくものを干すときは、形や素材、大きさにあわせて、ハンガーやせんたくばさみ、ピンチハンガーという道具などを使いわけ、まんべんなく日の光や風にあてましょう。

ハンガーとハンガーのあいだは10cmくらいあけて風通しをよくしよう！

- ハンガー
- 物干しざお
- せんたくばさみ
- バスタオル
- えりつきシャツ — ボタンはいくつかとめればいい。
- Tシャツ — 風の強い日はせんたくばさみでとめる。
- ずらして干すとかわきやすい。

かたむかないように、バランスを考えて干そう！

- ピンチハンガー
- くつ下 — つま先側をとめるとゴムがいたみづらい。
- ズボン — うらがえして、つつ状になるように。
- タオル
- キャミソール
- スカート — つつ状に干す。プリーツは、せんたくばさみでとめるとアイロンいらず！

ジグザグに干してもよい。

- バスタオル
- ハンカチ — 両角を2か所とめる。

「かげ干し」って？

色のこい洋服やいたみやすい洋服は、日光にあたると色があせたり、生地がいたんだりするため、うらがえして、直射日光のあたらない場所に「かげ干し」する。風通しのよいところに干すのがポイント。室内に干すときは、せん風機を利用してもよい。

干すときのコツ！

- ハンガーは、首回りがのびないようにすそから出し入れ！
- はりがねのような細いハンガーより、幅のあるハンガーのほうが肩のところにあとがつきづらい。
- 布がぶあつく重たいトレーナーやパーカーは、幅があってしっかりしたハンガーで。
- パーカーのフードにも風があたるように。

- ハンガー【hanger】
- せんたくばさみ【clothespin】
- （せんたくばさみで）とめる【clip】

7 たたみ方としまい方

夕方、日がかげると、せっかくかわいたせんたくものがしっけてしまいます。はやめに取りこんで、たたみましょう。しまい方にもコツがありますよ。

たたみ方は「四角形」が基本！

せんたくものは、しあがりが四角形になるように意識してたたむとうまくいきます。たたむ大きさはしまう場所にあわせましょう。ワンピースなどの丈の長いものや、しわになりやすいものは、むりにたたまず、ハンガーにかけたりクリップつきハンガーにとめたりして、クローゼットにしまいます。

たたみ方は家庭によってそれぞれ。おうちの人に確認しよう！

Tシャツやブラウス
シャツのおなか側を床に向けて置いて、たたむ。

ズボン
幅を半分にしてから、パタパタと折りかさねる。
ふたつ折り〜四つ折り。

パンツ
上のように三つ折り。またのところをキュッと入れこむ方法もある。

スカート
ひろがった部分をウエストの幅にあわせて折る。

くつ下
必ず右と左を重ねてたたむ。
ふたつ折り
ぐるっと折り

おぼえよう！ **家事で使う英語**
・たたむ【fold】 ・ふたつ折りにする【double】

しまうときは、使うときを考えて

たたんだせんたくものをしまうときのコツは、種類ごとにまとめることと、使うときに便利なようにしまうこと。まとめ方は、色別にする、学校で着るものとよそゆきとで分ける、半袖と長袖で分けるなど、いろいろと工夫できます。

立ててしまう

下着やハンカチなど小さくたたんだものは、立てた状態でしまいます。

手前に入れていくと同じものばかり使ってしまうので、向こう側に入れていく。

平らに重ねる

バスタオルや大人のシャツなど、大きめのものは平らに重ねます。

上に重ねていくと、同じものばかり使ってしまうので、下に入れていく。

まとめてかごに入れる

下着やくつ下など小さいものは、かごなどにほうりこんでおくのもよい方法です。ひろがらないようにたたんでおくのがコツ。

アイロンにちょうせん！

綿のシャツやハンカチなど、しわになりやすいものはアイロンでしあげるといい。アイロン台にせんたくものをのせ、手でしわをのばしてからアイロンをかける。

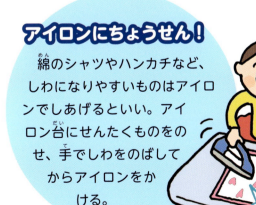

手前から奥へ、右から左が基本！

注意!!
・必ず大人の人の近くで使う！
・金属のところにふれない！
・金属部分を下にして置かない！
・終わったらすぐ電源を切る！

・しまう【store】　・重ねる【stack】　・アイロンをかける【iron】

クリーニング店をのぞいてみよう！

クリーニング店は、せんたくのプロ。家庭であらえない衣類を、プロの技できれいにします。クリーニング店でのせんたくのようすをのぞいてみましょう。

ワイシャツのクリーニング

男性用のえりつきシャツ「ワイシャツ」は、クリーニング店にもっともよく持ちこまれる衣類のひとつ。ワイシャツのクリーニングの工程を見てみましょう。

1 受付
持ちこまれた衣類を受けとり、素材（せんい）の種類やせんたく絵表示を確認して、適したあらい方をチェック。お客さんから、しみぬきなどの希望があれば、専用の紙にメモしてシャツにつける。衣類の種類やせんたく内容によって、かかる時間や料金がちがうので、しあがり日と料金を伝える。

クリーニング店でできること
- 家庭で水あらいできない衣服のせんたく
- ドライクリーニング（右ページ）
- しみぬきなどの特殊せんたく

など

2 検品
小さなクリーニング店は店で作業するが、店がいくつもある「チェーン店」は、別の場所にある工場に衣服を運び、作業開始。

ほつれややぶれ、しみがないかなどを目で見てチェック。

3 洗浄
白いもの、色がついているものなどに分け、大きなせんたく機で洗浄する。洗剤は衣服の種類やせんいの性質によって使いわける。

おぼえよう！家事で使う英語
- クリーニング店【the cleaner's】
- ほつれ【fray】
- やぶれ【break】

4 プレス

しわをのばし、着たときにきれいに見えるよう形をととのえる。

プレス機で熱を加えながらしわをのばし、形をととのえる。

最後のしあげはアイロンがけ。

5 包装

機械を使い、しわにならないように1枚ずつビニール袋につつむ。

ハンガーにかけてしあげる場合と、たたんでしあげる場合とがある。

包装されたワイシャツ。

6 出荷

「しあがり日」に間にあうように店に運び、お客さんが引きとりに来るまで店で保管する。

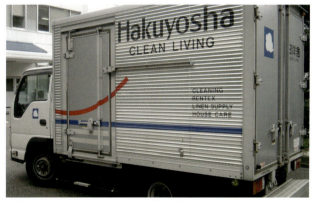

工場にはいくつもの店から衣類が集まる。クリーニングの終わった衣類は、あずかったときと同じ店に運ぶ。

しみぬき職人の仕事

がんこなしみを落とすのも、クリーニング店でしかできないことのひとつ。しみぬきは、クリーニングのなかでもとくに知識や経験が必要とされる仕事で、職人が専用の道具を使っておこなう。

ていねいにしみをたたきだす。

「ドライクリーニング」って？

クリーニング店には、「ドライクリーニング」というせんたくのしかたがある。これは、水のかわりに石油などを使ってあらうこと。レーヨンなど、ちぢみやすい素材の衣服（😊や🅿などのせんたく絵表示がついている）はドライクリーニングでせんたくする。

ドライクリーニングの機械。

- （しわを）のばす 【smooth】
- つつむ 【pack】
- しみぬき 【stain removal】

知ってると便利！
せんたく用語集

あらいはり（9ページ）
着物をほどき、反物（1枚の布の状態）にぬいあわせてからあらうこと。ピンとはった状態でかわかし、のりをつけることで、生地にハリが出る。かわいたらまた着物の形にぬいなおす。

反物の状態であらい、干しているところ。

おもなせんいの特徴（→24ページ）
- 綿／原料：綿という植物の種子をつつむせんい。肌ざわりがよく、水分をよくすう。（肌着、ブラウス、タオルなどに多く使われる）
- 麻／原料：亜麻などの植物からとれるせんい。水分をよくすいかわきやすいが、しわになりやすい。（夏服などに多く使われる）
- 絹／原料：蚕という虫のまゆからとれるせんい。光沢があり美しいが、水や日光に弱く、いたみやすい。（ブラウス、スカーフ、ネクタイなどに多く使われる）
- 毛／原料：ヒツジなどの動物の毛。しわになりづらく、保温性にすぐれるが、ぬれた状態でもむとちぢみ、かたくなる。（セーター、制服、毛布などに多く使われる）
- ポリエステル／原料：石油。じょうぶでしわになりづらく、かわきやすい。静電気を帯びやすく、熱に弱い。（フリース、裏地、制服などに多く使われる）
- ポリウレタン／原料：石油。じょうぶで、のびちぢみする。こしがあってしわになりにくいが、熱やまさつに弱い。（水着、タイツ、くつ下などに多く使われる）
- ナイロン／原料：石油。絹に似せた素材。強度が強く、しわになりにくいが、熱に弱く、日光で変色しやすい。（水着、ストッキング、スポーツウェアなどに多く使われる）
- アクリル／原料：石油。毛に似せた素材。毛よりじょうぶでよごれにくく、保温性にすぐれるが、静電気を帯びやすく、熱に弱い。（セーター、毛布などに多く使われる）
- レーヨン／原料：木材パルプ。肌ざわりがよく光沢があるが、ぬれると弱くなり、しわになりやすくいたみやすい。（女性用の下着、ブラウス、裏地などに多く使われる）

蛍光剤（蛍光増白剤）（29ページ）
紫外線を吸収して青白い光にかえる働きを持つ、染料の一種。白い衣服には、しあげに使われていることが多い。蛍光剤入りの洗剤でせんたくすると、衣服の白さがまして見える。ただし、きなり色やあわい色の衣服は使うと白っぽくなることがあるため、使用しない。

酵素（29ページ）
特定の化学反応を進める働きを持つたんぱく質。洗剤に使われる酵素は、界面活性剤の作用を助け、洗浄力を高める働きをする。36〜37℃くらいでもっともよく働く。

衣替え（21ページ）
季節のかわり目に衣服をあらためること。日本では平安時代にはじまった習慣。たとえば、学校の制服は、6月1日から夏服に、10月1日から冬服に衣替えすることが多い。家庭では、時期にあわせて春夏の服と秋冬の服を、ふだんの収納場所と長期間しまっておく場所とで入れかえる。

平干し（27ページ）
衣服を平らな状態で干すこと。セーターなどの、のびやすい素材の衣服を平干しにする。平干し専用のハンガーも市販されているが、ない場合は、せんたくかごなどの大きめのかごの上に衣服をのせ、風通しのよい日かげに置く（かげ干し→33ページ）。

さくいん

あ行

アイロン	24, 25, 33, 35, 37
灰汁（あく）	10
アクリル	8, 24, 38
麻（あさ）	8, 9, 24, 27, 29, 38
あらいはり	9, 38
アルカリ	10, 11, 29
アルカリ性（せい）	29
井戸（いど）ばた	7, 9, 18
命（いのち）のせんたく	6
うずまき式（しき）	14
ABS（エイビーエス）	16
江戸時代（えどじだい）	7, 9, 11, 12
おしあらい	14, 27, 30, 31
鬼（おに）のいぬ間（ま）にせんたく	6

か行

界面活性剤（かいめんかっせいざい）	10, 11, 16, 17, 38
化学（かがく）せんい	8, 24, 29
かくはん式（しき）	14
かげ干（ぼ）し	25, 33
ガンジス川（がわ）	18
絹（きぬ）	8, 24, 29, 38
きぬた	12
キャラコ	8
クリーニング	21, 24, 25, 36, 37
毛（け）	24, 29, 38
蛍光剤（けいこうざい）	29, 38
下水処理場（げすいしょりじょう）	16
合成洗剤（ごうせいせんざい）	11, 16, 17, 29
酵素（こうそ）	29, 38
コース	22, 23
国際標準化機構（こくさいひょうじゅんかきこう）（ISO（アイエスオー））	24, 25
こすりあらい	12
古代（こだい）エジプト	6, 8, 10
古代（こだい）ローマ	7, 10, 12
衣替（ころもが）え	21, 38

さ行

サイカチ	10
殺菌効果（さっきんこうか）	19, 31
サポニン	10
しみぬき	36, 37
柔軟剤（じゅうなんざい）	15, 22, 23
手動式（しゅどうしき）せんたく機（き）	12, 13
浄化槽（じょうかそう）	16, 17
生活雑排水（せいかつざっぱいすい）	16, 17
石（せっ）けん	6, 10, 11, 12, 17, 26, 28, 29, 30
せんい	6, 8, 21, 24, 36, 38
洗剤（せんざい）	10, 11, 12, 15, 16, 17, 22, 23, 26, 29, 31, 36, 38
全自動（ぜんじどう）せんたく乾燥機（かんそうき）	13, 23
全自動（ぜんじどう）せんたく機（き）	13, 14, 15, 22, 23
せんたく板（いた）	12, 26
せんたく絵表示（えひょうじ）	21, 24, 25, 26, 36, 37
せんたく機（き）	9, 12, 13, 14, 15, 17, 21, 22, 23, 24, 26, 27, 28, 31, 32, 36
せんたく槽（そう）	12, 13, 14, 15, 23
せんたくネット	21, 27, 30, 31
せんたく場（ば）	7, 12, 18
せんたくばさみ	33

た行

たたきあらい	12, 13, 14
たて型（がた）	13, 14, 15, 23
中性（ちゅうせい）	29
中性洗剤（ちゅうせいせんざい）	25, 27, 29, 30, 31
つけおきあらい	26
手（て）あらい	9, 17, 21, 24, 25, 26, 27
手回（てまわ）し脱水機（だっすいき）つきせんたく機（き）	13
電気（でんき）せんたく機（き）	9, 12, 13
天然（てんねん）せんい	8, 24, 29
ドライクリーニング	25, 36, 37
ドラム式（しき）	13, 14, 15, 23

な行

ナイロン	8, 24, 38
二槽式（にそうしき）せんたく機（き）	13, 23
日本工業規格（にほんこうぎょうきかく）（JIS（ジス））	24, 25
乳化（にゅうか）	10
尿（にょう）	10

は行

白土（はくど）	10
ハンガー	21, 32, 33, 34, 37, 38
漂白剤（ひょうはくざい）	15, 25, 28, 29
平干（ひらぼ）し	25, 27, 38
琵琶湖（びわこ）	17
ピンチハンガー	33
富栄養化（ふえいようか）	16, 17
ふみあらい	27
ふりあらい	14, 26
分散（ぶんさん）	10
噴流式（ふんりゅうしき）せんたく機（き）	13
平安時代（へいあんじだい）	38
ポリウレタン	24, 38
ポリエステル	8, 24, 38

ま行

ムクロジ	10
無（む）リン洗剤（せんざい）	17
明治時代（めいじじだい）	9, 11
綿（めん）	8, 9, 24, 29, 35, 38
もみあらい	14, 28

や・ら行

弥生時代（やよいじだい）	9
羊毛（ようもう）	6, 8, 24
リン酸塩（さんえん）	16, 17
レーヨン	8, 24, 37, 38

■監修／阿部絢子

1945年、新潟県生まれ。共立薬科大学卒業。生活研究家、消費生活アドバイザー。食品、料理、家事全般に精通し、テレビ、雑誌など幅広く活躍。主な著書は、『これで安心！食べ方事典』（ちくま文庫）、『これだけやれば充分　手抜き家事のコツ』（岩波アクティブ新書）、『洗濯の名人になる！』（大和書房）など多数。

■編集／こどもくらぶ（中嶋舞子、原田莉佳）

こどもくらぶは、あそび・教育・福祉分野で、子どもに関する書籍を企画・編集しているエヌ・アンド・エス企画編集室の愛称。図書館用書籍として、年間100タイトル以上を企画・編集している。主な作品は、「世界遺産になった和紙」全4巻（新日本出版社）、「時代背景から考える日本の6つのオリンピック」全4巻（ベースボール・マガジン社）、「本のことがわかる本」全3巻（ミネルヴァ書房）など多数。

■イラスト／花島ゆき

東京都生まれ。イラストレーターとして活躍すると同時に、雑貨や着物デザイン、プロデュース、イベントなども手がける。著書に『七十二候の暮らし術』（ブルーロータスパブリッシング）、『羊毛フェルトのブローチ』（成美堂出版、共著）、イラストの仕事に『日本はじめて図鑑』（ポプラ社）、「ようこそ！　理科レストラン」シリーズ全4巻（文研出版）など。

●写真協力および資料提供（掲載順）

東芝未来科学館（表紙右上,p3中,13左上・中2点）、ユニフォトプレス（表紙左列上,p8,11左,12右）、Library of Congress(LC-USZ62-58316)（表紙左列下,p12左）、株式会社　白洋舎（表紙中列上,p3下,36-37）、©Aliaksandr Mazurkevich ¦ Dreamstime.com（表紙中列下,p2下,18左下）、㈱エクスポート（表紙右列上,p11右）、青森県立郷土館（大扉,p9右）、国立国会図書館（p2上,7中,9左）、©Hei Au Yeung ¦ Dreamstime.com（p3上,19左上）、©Dennis Van De Water ¦ Dreamstime.com（p7上）、©Bopra77 ¦ Dreamstime.com（p7下）、HP『日本の四季』（p10「サイカチ」）、大津市歴史博物館（谷本勇撮影）（p13右上）、東芝ライフスタイル株式会社（p13下2点,14,15下2点,22-23）、環境省　浄化槽サイト（p16イラスト）、滋賀県（p17左）、©Aagje De Jong ¦ Dreamstime.com（p17右）、©Sjors737 ¦ Dreamstime.com（p18上）、ミンダナオ子ども図書館・MCL（p18右下）、©DonaTandi ¦ Dreamstime.com（p19右上）、堀部憲史（p19右下）、だるまや京染本店（p38）

※この本の情報は、2015年9月までに調べたものです。今後変更になる可能性がありますので、ご了承ください。
※この本の英語の読み方（カタカナ表記）は、『ニュースクール英和辞典〈第二版〉』（研究社）に準じています。

■企画・編集

株式会社
エヌ・アンド・エス企画

■デザイン・DTP

尾崎朗子

きみもなれる！　家事の達人　①せんたく

2015年11月20日　初版第1刷発行

監　修　　阿部絢子
　編　　　こどもくらぶ

発行人　　松本恒
発行所　　株式会社　少年写真新聞社
　　　　　〒102-8232　東京都千代田区九段南4-7-16 市ヶ谷KTビルI
　　　　　電話 03-3264-2624　FAX 03-5276-7785
　　　　　URL http://www.schoolpress.co.jp
印刷所　　大日本印刷株式会社

© Kodomo Kurabu　2015　Printed in Japan　　　　　　　　ISBN978-4-87981-540-8　C8677　NDC590
本書を無断で複写、複製、デジタルデータ化することを禁じます。乱丁・落丁本はお取り替えいたします。定価はカバーに表示してあります。